# A BÍBLIA EXPLICA
# O que a Bíblia diz sobre: Trabalho

DAVID PAWSON

ANCHOR

Copyright © 2023 David Pawson

O QUE A BÍBLIA DIZ SOBRE: TRABALHO
English original: What the Bible says about Work

Os direitos autorais referentes a este livro são assegurados a David Pawson, de acordo com a Lei de Direitos Autorais, Desenhos Industriais e Patentes de 1988 (Reino Unido).

Uma publicação da
Anchor, nome comercial de David Pawson Publishing Ltd.
Synegis House, 21 Crockhamwell Road,
Woodley, Reading RG5 3LE, UK

Todos os direitos reservados.

Nenhuma parte desta publicação pode ser reproduzida ou distribuída, em qualquer forma ou por quaisquer meios, sejam eles eletrônicos ou mecânicos, incluindo fotocópias e gravações, ou por qualquer sistema de armazenamento e recuperação de informações, sem autorização prévia, por escrito, da Editora.

**Para obter outros materiais de ensino de David Pawson, inclusive DVDs e CDs, acesse**
**www.davidpawson.com**

**PARA DOWNLOADS GRATUITOS**
**www.davidpawson.org**

**Mais informações pelo e-mail**
**info@davidpawsonministry.com**

ISBN 978-1-913472-67-2

Esta publicação baseia-se em uma palestra. Por originar-se da palavra falada, muitos leitores considerarão seu estilo um tanto diferente do meu modo costumeiro de escrever. Espero que isto não venha a depreciar a essência do ensino bíblico encontrado aqui.

Como sempre, peço ao leitor que compare tudo o que digo ou escrevo ao que se encontra registrado na Bíblia, e, caso perceba um conflito em qualquer ponto, sempre fie-se no claro ensino das Escrituras.

**David Pawson**

## A BÍBLIA EXPLICA
# O que a Bíblia diz sobre: Trabalho

Raramente refletimos sobre o fato de passarmos metade de nossas vidas trabalhando. E o tempo que passamos trabalhando corresponde a sessenta por cento do tempo que passamos acordados. Infelizmente, grande parte desse tempo está sendo desperdiçado e não é considerado como trabalho para o Reino, porque o cristianismo tornou-se uma atividade para as horas vagas, e esse não foi o plano inicial de Deus. Por isso, eu gostaria de falar sobre a doutrina cristã do trabalho, mesmo que esse não seja um assunto popular. Você acha que em um mundo ideal não haveria trabalho? Para Deus, esse não seria o mundo ideal.

Como você imagina o céu? De acordo com muitos pregadores que já ouvi, o céu será como um eterno culto de domingo, e os hinos serão cantados milhões de vezes! Sinceramente, se isso é o céu, não estou muito animado para estar lá! Mas é assim que muitos pregadores supõem que será – os líderes de louvor, especialmente, pensam assim, que irão trabalhar em tempo integral no céu.

Para muitos, inclusive para cristãos, o trabalho é um mal necessário e, se pudessem, passariam sem ele. Por que você acha que as loterias são tão populares? Atualmente, na Inglaterra, há uma loteria nacional e muitos compram seus bilhetes todos os dias, embora as chances de ganhar sejam baixas – extremamente baixas. Mas por que, mesmo assim, as pessoas compram bilhetes de loteria? Porque têm esperança de poder largar o trabalho, e essa é a única chance que a maioria das pessoas tem para não precisar mais trabalhar. Também há aqueles que não veem a hora de se aposentar para passar o resto da vida fazendo o que desejarem.

Costumo dizer que há duas atitudes extremas em relação ao trabalho: a "idolatria ao trabalho" e a "imoralidade do trabalho". De acordo com a Bíblia, a idolatria e a imoralidade são os dois grandes alienadores da obra de Deus. Praticar a idolatria ao trabalho é ter compulsão pelo trabalho, é fazer do trabalho a coisa mais importante de sua vida, pensar somente em obter uma promoção, viver para trabalhar e trabalhar sempre o máximo que puder. Tais pessoas não têm vontade de se aposentar. Na verdade, muitas morrem assim que se aposentam. Viveram para o trabalho – seu ídolo. Mas isso é um extremo, admito. O outro extremo é mais comum. O que significa praticar a imoralidade do trabalho? Muito simples: é fazer o mínimo de trabalho possível pelo máximo de dinheiro possível. Essa é uma reivindicação geral dos sindicatos da Inglaterra: "Estamos em greve por menor jornada de trabalho e salários mais altos". O objetivo é reduzir o trabalho e aumentar a remuneração. Isso é imoral. Mas, às vezes, essa pratica também acontece no trabalho através do que chamo de *skiving*. Essa palavra foi cunhada quando eu era capelão da Força Aérea Real Britânica e significa fingir que está trabalhando quando não está. É preciso muita habilidade para isso: fingir que está sempre na correria, muito ocupado, quando, na verdade, não está. De fato, a única coisa que a pessoa quer é receber o pagamento. Então, enquanto o chefe está olhando, o funcionário faz parecer que está trabalhando, e quando o chefe desvia o olhar, o funcionário relaxa e passa a conversar com os amigos no telefone celular.

Portanto, há a idolatria ao trabalho e a imoralidade do

trabalho. A maioria das pessoas encontra-se entre os dois. Mas um cristão não age assim em relação ao trabalho. Você sabia que, em meu país, as pessoas ficam mais doentes às segundas e sextas-feiras do que em quaisquer outros dias da semana? A maioria das pessoas avisa que está doente ou consegue um atestado médico para as segundas e sextas-feiras – o que resulta em um fim de semana prolongado. Elas passam seu tempo de lazer de tal forma que se tornam menos aptas para o trabalho. Elas não foram "recriadas" para trabalhar, não passaram por um processo de recriação. Envolvem-se em atividades exaustivas no seu tempo livre e, portanto, perdem a hora na segunda-feira de manhã. Tenho certeza de que você sabe do que estou falando. Mas como estou me dirigindo a cristãos, estou falando com pessoas que nunca fazem isso! Você acha que vamos trabalhar no céu? Eu acredito que sim.

Na verdade, fomos feitos para trabalhar. Deus nos colocou na terra para trabalhar, e quero começar com essa afirmação. Fomos profundamente influenciados pela cultura grega – talvez sem perceber. Nosso sistema educacional é basicamente grego. Nossa arquitetura, até os dias do aço, concreto armado e vidro, era em grande parte grega. A maioria dos edifícios públicos construídos até meados do século 20 parecem templos gregos com colunas coríntias e tetos de gesso. Os gregos viviam para o lazer. Toda a sua vida revolvia em torno do lazer. A ambição de todo grego era ser um homem que vivesse para o lazer. Os gregos viviam assim pois todo o trabalho braçal era entregue aos escravos. E a maioria de seus escravos – que formavam dois terços da população – haviam sido comprados em outros países.

Vejamos a Europa, por exemplo. Grande parte do seu trabalho braçal tem sido executado por mão de obra estrangeira. A ambição dos gregos era que outros fizessem o trabalho pesado, dessa forma, eles poderiam viver para o lazer, ir ao teatro, participar de debates nos fóruns, envolver-se em atividades culturais – a cultura era vista, em grande parte, como uma atividade de lazer.

A era tecnológica tem promovido muitas mudanças. A Revolução Industrial favoreceu os homens em vez das mulheres. Eram necessárias mãos fortes para trabalhar nas fábricas. Ao passo que a Revolução Tecnológica tem favorecido as mulheres, pois elas têm dedos mais ágeis para tocar nos pequenos botões dos equipamentos, o que lhes abriu oportunidades de emprego.

Os cristãos devem trabalhar mesmo que não precisem? E se trabalharem, como esse trabalho pode ser reivindicado para o Reino de Deus de forma que não "sirvam ao Reino de Deus somente nas horas vagas"? Todo curso de discipulado cristão que conheço é baseado na suposição de que você só pode ser cristão nas horas vagas – nenhum menciona o tempo gasto no trabalho. Ensinam a orar, evangelizar, estudar a Bíblia e o que deve ser praticado, tudo relacionado à igreja. Para colocar em prática o discipulado cristão, é necessário aumentar o tempo de lazer, pois tudo é praticado nas horas vagas!

E novamente a maior parte de sua vida fica de fora. Eu gostaria que você entendesse que sua atividade profissional é a melhor oportunidade de trabalhar para o Reino dos céus, porque é onde você passa a maior parte do seu tempo, podendo dedicá-lo ao Reino de Deus. A Bíblia fala muito sobre o trabalho – pode até ser constrangedor. Ela afirma que todo cristão deve trabalhar. Isso não nos proíbe de receber presentes ou herança, mas afirma que trabalhar para seu sustento faz parte da vida cristã. Na realidade, isso significa ser remunerado por quem se beneficia do seu trabalho. Essa é a minha definição de ganhar a vida. Isso é o que significa obter sua renda de forma legítima.

Acho preocupante o número de jovens que querem viver à custa de parentes, que buscam sustento para trabalhar como missionários ou em outro trabalho de tempo integral.

Já mencionei em outra ocasião que Jesus, o Filho de Deus, que foi chamado para ser o Salvador do mundo, primeiro, passou dezoito anos de sua vida sendo sustentado pelo trabalho de suas mãos. Aliás, a Bíblia diz que a forma mais saudável de trabalhar é usando as mãos em vez da cabeça. Se o seu trabalho diário não envolve trabalho manual, então acredito que você devesse encontrar uma atividade de lazer que envolva o trabalho com as mãos, para equilibrar.

Aqueles que trabalham com as mãos se destacam por não precisarem de psiquiatras. Pense nos jardineiros que trabalham em tempo integral no cultivo de plantas – muito raramente eles têm um colapso nervoso. O trabalho manual ou braçal serviu de treinamento para todas as personalidades mais importantes da Bíblia. Paulo, o maior missionário que já existiu, era fazedor de tendas e passava muito tempo costurando lona. Você pode pensar: "Que desperdício para um homem com aquele intelecto, visão e energia". Ele fez isso porque voluntariamente queria dar um exemplo aos seus convertidos. Ele diz: "Vocês mesmos sabem que estas minhas mãos supriram minhas necessidades". Incrível!

Vamos examinar exemplos de trabalho encontrados na Bíblia e o que ela fala sobre esse tema. Este estudo será dividido em três partes, intituladas: "Criação", "Queda" e "Redenção". Essas três fases permeiam a maioria das doutrinas da Bíblia: qual o plano de Deus com a Criação, o que aconteceu quando a raça humana caiu em pecado e como isso pode ser redimido por meio de Cristo.

Então, vamos começar com a Criação. Deus é um trabalhador, um trabalhador braçal; ele trabalha com as mãos. Deus não tem mãos físicas, ele não tem olhos, ouvidos, braços, pernas ou pés físicos. No entanto, a Bíblia fala sobre tudo isso, inclusive sobre suas entranhas, apesar de Deus não ter entranhas. Ele não é um ser físico, ele é Espírito. Mas isso claramente significa que seu Espírito tem funções que são equivalentes às funções em nosso corpo. Nós temos olhos, Deus pode ver. Temos um nariz com o qual podemos sentir cheiros, e lemos que Deus sente cheiros.

Conheço a história de um garotinho que estava chorando durante uma aula de biologia na escola, e o professor perguntou: "Qual é o problema?" Ele respondeu: "Deus me fez todo errado. Meus pés cheiram e meu nariz escorre". Cada atributo físico que você tem e usa, Deus também tem. Você foi feito à sua imagem, inclusive física. Suas funções são refletidas em seus órgãos e sentidos. Assim, a Bíblia é legitima em relação ao que os estudiosos chamam de "antropomorfismo" – palavra estranha que significa que você pode falar de Deus como se ele estivesse em forma humana, mas lembre-se que ele não tem a forma humana: você pode ver, ele pode ver; você pode ouvir, ele pode ouvir; você pode tocar, ele pode tocar; você tem mãos, ele tem mãos; você tem braços, ele tem braços, e assim por diante. Como é de suas entranhas que vem sua compaixão, de acordo com a fisiologia hebraica, a Bíblia também fala sobre as "entranhas" de Deus.

Cada parte de nós corresponde a uma função de Deus. E ao ler que Deus, de forma maravilhosa, nos fez à sua imagem, não exclua o corpo físico. O seu corpo também foi feito à imagem de Deus. Assim, Deus é retratado como um trabalhador. Ele tirou um dia de folga depois de seis dias de trabalho, e seu trabalho não é sua vida. É uma parte importante e, portanto, a Criação ao nosso redor é sempre chamada na Bíblia de "obra de suas mãos". Por isso Jesus afirmou: "Meu Pai continua trabalhando até hoje, e eu também estou trabalhando". Isso inclui tanto seus dezoito anos como carpinteiro quanto seus três anos de ministério público. Jesus estava nos mostrando um aspecto da imagem de Deus.

Isso corresponde ao início da Criação. Deus colocou o homem na terra e lhe ordenou que a povoasse e subjugasse de acordo com seus propósitos, e que cuidasse dela. "Adão era um jardineiro, e Deus, que o fez, entende que todo bom jardineiro trabalha de joelhos", diz um certo poema. Esse era o seu trabalho: jardinagem. Era, portanto, um trabalho que lhe cabia bem, era bom para ele, era saudável e não era exaustivo.

A propósito, o jardim do Éden foi descoberto. Agora é possível ir visitá-lo. Foi descoberto por um egiptólogo que não é cristão. Ele é um homem muito simpático e carismático e, sozinho, descobriu que o Antigo Testamento é histórica e geograficamente preciso. Seu nome é David Rohl; ele escreveu dois livros sobre seu trabalho, um dos quais [ainda sem tradução para o português] se chama *A Test of Time* [Um teste de tempo]. Ele fez algumas descobertas surpreendentes no Egito. Descobriu a casa e o túmulo de José, além de uma estátua sua na terra de Gósen. Que emocionante! A BBC produziu um documentário impressionante sobre seu trabalho. Ele descobriu, até mesmo, por que houve sete anos de fome depois de sete anos de fartura. A fome não foi causada por falta de água, mas por excesso. O Nilo inundou e suas margens – que normalmente são inundadas uma vez por ano com sedimentos e umidade – ficaram inundadas durante todo o ano e por isso nenhuma plantação pôde crescer por sete anos. Ele encontrou as ruínas de enormes depósitos de grãos perto do alto Nilo, onde toda a comida foi armazenada durante os sete anos de fartura. Encontrou, também, um canal que seguia do Nilo até uma grande depressão no deserto do Saara que, nos anos de fartura, transportou a água do Nilo para um reservatório; esse canal ainda hoje é chamado pelos árabes de "Canal de José". Tudo isso é muito emocionante! E como egiptólogo, foi o primeiro a descobrir o nome de Israel em hieróglifos no Egito.

Depois disso, Rohl pesquisou um período anterior ao de José – o jardim do Éden. Ele achou que havia detalhes geográficos suficientes em Gênesis 2 para ajudá-lo nessa pesquisa, e conseguiu encontrá-lo. Essa é a descrição do local: um vale com cerca de 80 quilômetros de extensão, cercado por montanhas muito altas. É um belo vale que termina em um lago de quase 160 quilômetros de comprimento e cerca de 30 quilômetros de largura. O mais interessante é que esse vale continua repleto de árvores frutíferas devido ao clima do local, perfeito para o cultivo de frutas. E está bastante isolado.

E nesse vale, a leste do jardim, há passagens para a terra de Node que se encaixam perfeitamente com a descrição de Gênesis. Os quatro rios mencionados têm suas nascentes nesse vale. Para encontrá-lo no mapa, localizamos primeiro Tabriz, a segunda maior cidade do Irã. Depois de localizar Tabriz, é possível identificar o jardim do Éden e conferir que o mapa fornece a descrição exata de Gênesis 3.

Espero que esse fato seja tão empolgante para você como é para mim: um homem que sequer é crente está convencido de que cada palavra do Antigo Testamento é historicamente precisa. E sua motivação não é querer convencer alguém. Isso é bem diferente de um cristão que busca uma confirmação de que a Bíblia é verdadeira. E foi nesse lugar que Deus colocou Adão e lhe disse: "Agora você deverá ser um jardineiro, deverá lavrar o solo e cuidar das árvores". Sua principal tarefa seria podar e colher frutas, um trabalho que eu considero prazeroso. Entretanto, após a Queda, tudo mudou.

A partir daí, certas deduções ficam bem claras. Em primeiro lugar, sobre a Criação, Deus disse que tudo era bom – e, sobre o homem, que era muito bom. A Criação envolveu trabalho e a *obrigação* de trabalhar. Aliás, Adão não tinha *shabat*. É comum pensarmos que ele guardava o sábado porque os mesmos capítulos que falam de Adão mencionam o descanso sabático de Deus, mas nunca foi dito a Adão que tirasse um dia para descansar. Até onde sabemos, é provável que ele tenha trabalhado sete dias por semana.

Abraão também não tinha um *shabat*, nem Isaque nem Jacó. O descanso sabático de um dia por semana foi introduzido por Moisés. Por isso lemos que a lei do *shabat* somente foi instituída na aliança mosaica – ela seria uma aliança temporária até que Cristo viesse. O descanso sabático do Novo Testamento é bem diferente do sétimo dia da semana (leia Hebreus 4). O que sabemos é que Adão exercia esse trabalho prazeroso todos os dias da semana e, ao final do dia, conversava com Deus, e muito provavelmente sobre como tinha sido o seu dia – e sobre muitas outras coisas. No frescor da noite ele tinha um tempo com Deus e seu descanso. Todas as noites ele tinha momentos de comunhão com seu Criador. Temos a descrição antropomórfica de Deus no relato do seu passeio no jardim todas as noites. A Bíblia é concreta e realista. Portanto, a primeira conclusão que tiramos é: o Éden não era um acampamento de férias. Era um local de trabalho, de jardinagem. Adão era um inquilino e, lá, deveria trabalhar para Deus cuidando do jardim. Hoje, o jardim é um vale comum. Ainda tem as árvores frutíferas, mas a cidade de Tabriz situa-se bem no meio dele. Entretanto, ao nos afastarmos um pouco da cidade, é quase possível ver como era o Éden – não exatamente, na verdade, faltam duas árvores ali: a Árvore da Vida e a Árvore do Conhecimento. Exceto por isso, é muito semelhante ao que costumava ser.

    Minha segunda dedução refere-se à dignidade do trabalho e, sobretudo, à dignidade do trabalho manual, pois Adão trabalhava com as mãos, e não com a cabeça. O homem foi criado na dignidade de seu Criador, e o trabalho com as mãos não deve ser subestimado. Entretanto, na maioria das sociedades, os trabalhadores braçais estão na base da pirâmide e, por algum motivo, buscam deixar o posto braçal em busca de um trabalho administrativo, chamado de "colarinho branco". Nunca despreze o trabalho braçal. Por dezoito anos, Jesus exerceu um trabalho braçal. Paulo foi fazedor de tendas. Foi quando era pastor que o rei Davi aprendeu a usar uma funda e um cajado. O trabalho manual ou braçal é digno e não é menos honroso. Na minha opinião, é mais honroso aos olhos de Deus. Fique à vontade para concordar ou discordar de mim.

Em terceiro lugar, o trabalho deveria trazer satisfação, não ser difícil ou exaustivo nem causar preocupação e estresse, mas ser algo que trouxesse realização e contentamento. Na verdade, o trabalho com as mãos é muito satisfatório. Gosto muito de trabalhar com as mãos, em construção ou carpintaria. Quando terminamos um trabalho manual, é gratificante ver o resultado e poder dizer: "Fui eu que fiz". Isso só é superado pelo prazer maior de ouvir de sua esposa: "Que marido maravilhoso eu tenho – que sabe fazer algo assim".

Em nossa última casa, fiz várias reformas e mudei muita coisa. A única desvantagem de saber fazer esses trabalhos é ser chamado sempre que algo precisa de conserto. Como todo marido, tenho uma lista de coisas para fazer em casa. Receio que, quanto mais você faz, mais longa fica a lista. Mas se você é bom em consertos e obras, será um bom marido. Sempre que houver um vazamento ou algo der errado, a esposa poderá dizer ao marido: "Tenho um trabalho para você". Depois de consertar, vem a satisfação, mas se você não é bom nesse tipo de trabalho, não terá essa satisfação.

Agora, vamos falar sobre o dever, a dignidade e o prazer que o trabalho proporciona. Jesus veio para nos mostrar como Deus é, portanto mostrou o trabalho braçal em seis oportunidades enquanto servia ao Senhor pregando e operando milagres.

Há dois pontos negativos resultantes dos fatos da Criação. Um deles: a preguiça é um pecado na Bíblia – o ócio. No livro de Provérbios lemos: "Observe a formiga, preguiçoso, reflita nos caminhos dela e seja sábio!" Ao observarmos as formigas, vemos que carregam fardos muito maiores que elas; trabalham intensamente e por longos períodos de tempo – são criaturinhas incríveis. O livro de Provérbios está repleto de referências que condenam a preguiça ou a ociosidade, e destaca claramente o dano que acarreta. Não é um pecado comumente citado nos confessionários, mas, com base na Bíblia, é considerado um dos pecados capitais da teologia católica. A preguiça é um pecado.

A segunda negativa que infiro da Criação: o desemprego é um mal. O cristão deve lutar contra isso. Talvez você tenha uma situação financeira tranquila e viva em um país onde haja mais empregos do que pessoas, cuja taxa de desemprego seja incrivelmente baixa e o cidadão possa facilmente encontrar emprego. Não é assim na Europa. Nos países europeus, o desemprego está aumentando; esse é um problema sério e algumas pessoas passam a vida inteira desempregadas. Muitos têm diploma universitário, mas encontram dificuldade para conseguir emprego. É devastador. Quando um homem se levanta de manhã e não tem um trabalho, é assolador.

Portanto, os cristãos preocupam-se com aqueles que estão desempregados, não pensam apenas em distribuir comida ou dinheiro, mas em abrir portas de emprego. O desemprego é um mal social e, portanto, deve ser combatido pelos cristãos. Agradeço a Deus pelos amigos que podem proporcionar trabalho, cuja contribuição para o "Terceiro Mundo" não se resume a enviar dinheiro ou ajuda social, mas a criar empregos. Um dos meus amigos mais próximos está criando milhares de vagas para motorista de táxi na Índia; ele compra os carros e os revende para os motoristas, que pagam de volta gradualmente enquanto trabalham; adquirem um táxi e seu próprio negócio. Na minha opinião, essa é a melhor abordagem para as regiões do mundo com alta taxa de desemprego.

Os cristãos preocupam-se em criar oportunidades de trabalho porque o trabalho traz dignidade ao homem. Observe que estou falando de homens. Fomos criados seres distintos,

Deus fez homem e mulher. Uma das diferenças básicas entre os gêneros é esta: o homem é motivado por objetivos, ele precisa ter uma ocupação. Ele tem que acordar de manhã sabendo que tem um dever a cumprir. Um homem vive para o futuro, para estabelecer ou construir algo. As mulheres são diferentes. Observe que pode haver uma sobreposição, algumas mulheres seguem o paradigma masculino e alguns homens, o paradigma feminino. Mas, de modo geral, o homem vive para o futuro e para cumprir um objetivo. E a mulher, por sua vez, vive para suprir uma necessidade. Há muitas necessidades no mundo, é fácil encontrar uma a ser suprida, mesmo que seja apenas ferver água para uma xícara de chá. Essa é a reação instintiva de uma mulher britânica diante de uma crise: corre para o fogão para fazer um chá; isso a faz sentir que está suprindo uma necessidade. Com tantas necessidades, mesmo que não tenha um emprego a mulher pode encontrar propósito ao atender às necessidades de outros. Mas um homem desempregado sente-se inútil, desprezado, como se sua vida estivesse passando em branco. Digo isso pois penso que o desemprego atinge muito mais o homem do que a mulher.

Mas, como todas as diferenças entre os gêneros, isso é relativo. Concluindo, a preguiça é um pecado e o desemprego é um mal, e a Bíblia nos exorta sobre ambos. De fato, Paulo chegou a exortar: "Se alguém não quiser trabalhar, também não coma".

Certa vez, um jovem veio falar comigo – era meio-dia. Ele chegou, sentou-se, então também me sentei. Ele era o que eu chamo de "estudante profissional", assim que concluía um curso, matriculava-se em outro, sucessivamente. Ele já estudava há nove anos à custa dos contribuintes, não se sentia culpado e também não procurava um emprego. Enquanto pudesse, seguiria assim. Era muito persuasivo; sempre concorria para outros cursos, e era sempre aceito.

Pois bem, ele chegou na minha casa. Como eu disse, era meio-dia; as salas de estar e de jantar ficavam uma ao lado da outra, e a mesa estava posta para o almoço. Percebi que ele olhava para a mesa. Eu o deixei falar. Passou uma hora, uma e meia, passaram duas horas. Eu continuava conversando com ele, e ele continuava olhando para a mesa na sala de jantar – uma verdadeira tortura. Finalmente, ele não aguentou mais e falou: "Você vai almoçar daqui a pouco?" Ele admitiu ter ligado ao meio-dia porque esperava almoçar conosco. Eu disse: "Sinto muito, não posso convidá-lo para almoçar porque a Bíblia me proíbe". Ele me olhou totalmente atônito e perguntou: "Onde?" Mostrei-lhe o versículo da Bíblia: "Se alguém não quiser trabalhar, também não coma". Com isso, ele foi embora não muito satisfeito. E nós, então, fomos almoçar.

Algumas semanas depois, a campainha tocou e era ele novamente, no mesmo horário. Eu o cumprimentei e ele disse: "Hoje você pode me convidar para almoçar". Perguntei por quê; ele respondeu: "Terminei meu curso e consegui um emprego". Repliquei: "Agora você pode comer tudo o que estiver na mesa – fique à vontade!" Eu apenas apliquei a Palavra de Deus. Fui muito direto, mas ele precisava aprender aquela lição, e aprendeu. A partir daí, passou a devolver ao país todo o dinheiro investido em seus, até então, descompromissados estudos. Fui muito duro ou cruel com ele? Não creio. A igreja não deve ser complacente com pessoas que não querem trabalhar. A Bíblia não diz: "Se um homem não pode trabalhar, não deve comer". Se um homem não pode trabalhar, temos plena liberdade para ajudá-lo. Mas o texto diz: "Se um homem não quiser trabalhar" – e isso é algo sério.

Até aqui, referi-me ao período anterior à Queda. Vejamos agora a segunda fase e como ficou o trabalho. O que aconteceu depois que o homem se desviou da vontade de Deus – quando Adão desobedeceu a Deus? Sabemos que ele ficou envergonhado, pois quando Deus o procurou no fim do dia, estava escondido com sua esposa entre os arbustos. Deus lhe perguntou: "Adão, onde você está?" Deus sabia perfeitamente onde ele estava, mas queria que Adão confessasse onde estava. Adão finalmente disse: "Estamos aqui entre os arbustos porque estamos nus e estamos envergonhados". É interessante que esse tenha sido o primeiro efeito da Queda. Mas o que aconteceu a seu trabalho? A Bíblia nos revela. É curioso observar quando os sentimentos de Deus são tocados. Mais uma vez uso uma palavra antropomórfica, mas é porque a Bíblia está repleta de referências aos sentimentos de Deus. Gostaria de gritar para o mundo: "Deus também tem sentimentos!" O que sinto sobre Deus realmente não importa, mas o que Deus sente sobre mim importa muito. Você já se perguntou ao final do dia como Deus se sentia a seu respeito? Ele ficou feliz, triste ou enraivecido com o seu dia? Você precisa conhecer os sentimentos de Deus. Ele tem sentimentos. Somos semelhantes à sua imagem e temos sentimentos, portanto, ele também tem.

Os sentimentos de Deus são revelados na Bíblia em forma de poesia, e os seus pensamentos, em prosa. Para melhor compreender a Bíblia, há uma dica; é possível observar quando um texto passa para a forma de poesia. Algumas traduções da Bíblia publicam os trechos poéticos em linhas mais curtas e espaçadas, enquanto o texto em prosa é impresso como as colunas de um jornal, diferenciando, assim, o texto que expressa os sentimentos de Deus. Os primeiros capítulos de Gênesis e a história de Adão e Eva mostram que Deus também tem sentimentos – assim como Adão. Quando Adão viu Eva pela primeira vez, disse: "Uau, agora sim!" e, imediatamente, passou a se expressar em poesia.

Você sabia que setenta e cinco por cento de todas as músicas já escritas falam do amor entre um homem e uma mulher? Até mesmo a maioria das músicas pop são sobre o amor entre um rapaz e uma moça. A primeira vez que Adão cantou foi quando viu Eva. Portanto, isso mostra que ele tinha sentimentos, e quem o culparia por isso? Todos os outros animais que Deus criara tinham uma companheira, agora ele também tinha uma e por isso estava feliz. Deus falou com Adão, com Eva e com a serpente. Como a serpente tinha pernas, não era uma cobra até então, estava mais para lagarto.

Aliás, não era uma maçã. Era uma fruta, mas não sabemos qual. Os mitos surgem torno da verdade e se tornam lendas. Quando Adão caiu, o castigo dado por Deus foi mudar o seu trabalho. O poema que descreve o que aconteceu é fascinante. Seu trabalho se tornaria muito mais pesado; ele agora deveria trabalhar com suor em seu rosto, passaria a arar a terra; deixou de ser um jardineiro para ser um agricultor. Não apenas ficaria mais pesado, ele teria que combater ervas daninhas, espinhos e cardos. Se quiser ver os maiores espinhos e cardos do mundo, visite o Oriente Médio. Vá a Israel, onde encontrará espinhos de até sete centímetros de comprimento – são terríveis. Isso nos leva a perguntar como seria usar uma coroa de espinhos. Os cardos crescem até um metro e oitenta de altura e são bem espessos, e é muito difícil livrar-se deles, mas é necessário eliminá-los antes de plantar, ou a terra não produzirá alimento. Essa foi a maldição que Deus colocou sobre o solo como punição por sua vontade ter sido ignorada. A punição de Eva estava relacionada a seus relacionamentos, tanto com o marido como com seus filhos.

O castigo da serpente foi perder as pernas e passar a se arrastar no chão. Você sabia que as cobras têm pernas? Eu não sabia. Conheço um homem cujo hobby era manter cobras vivas em casa – a última coisa que eu faria. Ele tinha grandes cobras que se contorciam por toda a garagem e, certa vez, pegou uma delas, enrolando-a no pescoço, e disse: "Vou te mostrar uma coisa". Ele levantou algumas das escamas no corpo da cobra onde há umas perninhas atrofiadas. Eu jamais tinha ouvido ou visto tal coisa. A cobra tem pernas, e a maldição que Deus lhe deu foi perder as pernas e se tornar inimiga das mulheres.

Essa maldição inclui a profecia de que um dia a semente da mulher feriria a cabeça da serpente e que a serpente feriria seu calcanhar. É a primeira profecia que indica que, desde o início, Deus sabia como lidaria com essa situação. Mas o que aconteceu ao trabalho? Tornou-se pesado e sem sentido. Essa é sua identidade hoje, e é assim que o rotulamos: difícil e, muitas vezes, sem sentido.

Certa vez, visitei uma fábrica de aviões que construía os bombardeiros "V" na Grã-Bretanha, durante a Guerra Fria. Um dos operários trabalhava em frente a uma máquina e uma alavanca. Ele pegava uma chapa de alumínio, colocava-a sob uma prensa, movimentava a alavanca para baixo, para cima e entregava o alumínio dobrado para outra pessoa. Fiquei fascinado. Perguntei:

— É isso o que você faz o dia todo, semana após semana? — não alternavam as atividades dos funcionários para mantê-los interessados. Há anos, aquele homem fazia a mesma coisa. Que trabalho chato! — Onde essa placa é usada no avião?

— Não sei.

Parecia não ter interesse no que fazia. Evidentemente, seu trabalho lhe servia apenas para prover o sustento de sua família e, talvez, algum lazer. Ele não via propósito naquilo que fazia o dia inteiro. A culpa não era exclusivamente dele, mas poderia ter dito: "Estou construindo uma parte da cabine do bombardeiro V". Ele poderia ter algum interesse no que estava fazendo. Entretanto, ele não via a importância do seu trabalho. Lamentei por ele.

Portanto, trabalhar tornou-se pesado e sem sentido, e nossa profissão está se tornando nossa identidade. Se você me perguntasse o que sou, eu diria que sou um filho de

Deus e que trabalho para ele ensinando a Bíblia. Mas ser professor não é minha identidade; eu poderia perder esse trabalho, mesmo assim, saberia quem sou, porque o que faço não determina a essência de minha identidade. Se eu perguntar o que você faz e você disser "Sou operador de computador", essa não é sua identidade e não determina quem você é. Mas no mundo profissional é assim – nosso valor para a sociedade é determinado pela nossa profissão.

Se não tomarmos cuidado, o trabalho pode se tornar a fonte de nossa identidade e a nossa realização. E isso pode, rapidamente, destruir aquelas pessoas que se aposentam sem saber quem são. Foram açougueiros, padeiros, fabricantes de velas, mas quando deixaram de ser, suas vidas perderam a identidade. Nesse aspecto os cristãos sempre têm vantagem. O que fazemos não determina quem somos. É certo que trabalhamos, mas o trabalho não define nossa identidade.

A quarta consequência da Queda é que o trabalho tornou-se o meio para atingir um objetivo que não tem relação com o trabalho em si, não tem valor em si. O valor do trabalho serve a outro propósito e, neste mundo moderno, serve ao lazer. A maioria das pessoas considera que vida é aquilo que fazemos nos fins de semana. É por isso que nossa semana possui cinco dias para trabalho e dois para lazer, e nem um desses dias é para Deus. Reivindicamos mais tempo para lazer. Não fomos feitos para uma semana de cinco dias.

Hoje, em Israel, a semana tem seis dias de trabalho e um dia de folga. Nesse dia, o judeu religioso vai à sinagoga, mas noventa por cento dos judeus em Israel são seculares e não vão à sinagoga regularmente, talvez uma ou duas vezes por ano. Entretanto, todos, inclusive o primeiro-ministro, têm uma semana de trabalho de seis dias. O conceito de uma semana de cinco dias não é bíblico. Será que os cristãos devem entrar em greve por uma semana de seis dias de trabalho? É apenas uma ideia, porque para a maioria dos cristãos isso pode parecer ridículo – mas na verdade não é.

Na Inglaterra, depois que o domingo começou a ser deteriorado por muitas outras atividades, foi lançada uma grande campanha chamada *Keep Sunday Special* [Mantenha o domingo um dia especial]. Além de prática esportiva, fazer compras tornou-se uma atividade a mais, e as lojas passaram a abrir aos domingos. Os cristãos protestaram indignados e lançaram essa campanha nacional. A campanha não funcionou e as lojas continuaram a abrir aos domingos, e, cada vez mais, o domingo é como qualquer outro dia da semana. Sentimos falta da quebra na rotina e do descanso que o domingo proporciona. O tráfego fica menos intenso, a menos que todos peguem a estrada para ir à praia. O domingo mudou radicalmente, mas ele faz parte da antiga aliança e, por isso, não deveria preocupar os cristãos. Mas no auge da campanha, com certa impertinência escrevi um artigo para uma revista nacional intitulado "Mantenha a segunda-feira um dia especial". Mostrei que a segunda-feira deveria ser um dia especial para os cristãos. A seguir, explicarei melhor por quê; mas principalmente por que o retorno ao trabalho na segunda-feira faz desse o dia mais desprezado da semana. Mesmo os cristãos dizem: "Mais uma semana de trabalho começando?" Sugeri que todos aqueles que cantam "Aleluia" no domingo começassem a segunda-feira de manhã com: "Aleluia, hoje é segunda-feira". Sempre digo isso quando telefono para alguém numa segunda-feira de manhã: "É segunda-feira! Aleluia!" Quem ouve se pergunta o que deu em mim.

Aquele artigo colocou um freio na campanha "Mantenha o domingo um dia especial", organizado por uma organização cristã chamada Movimento Jubileu. Quis transmitir essa mensagem porque o trabalho deve ser redimido, e aqueles que resgatarem o trabalho podem gritar "Aleluia, hoje é segunda-feira!" Vamos aprofundar essa ideia daqui a pouco.

Em suma, a Queda deturpou o trabalho desde então. Um

dos sinais do impacto da Queda no trabalho é a criação do conceito que precisamos viver para o lazer. Você sairia de casa para trabalhar se não recebesse um salário em troca? Fica a pergunta! Como consideramos o trabalho cansativo, somos pagos para executá-lo. Recebemos um incentivo financeiro para trabalhar, e a suposição por trás disso é que, se você não fosse remunerado, não trabalharia. Desde a Queda de Adão, o trabalho passou a ter uma conotação negativa.

Então, vejamos como o trabalho pode ser redimido. Em nome de Cristo, podemos redimir nosso trabalho e restaurá-lo ao ideal que Deus pretendia que tivesse, qualquer que seja nosso trabalho. Martinho Lutero disse: "Todo trabalho tem o mesmo valor para Deus", ou como já foi mencionado: "Deus está mais interessado em como você trabalha do que no que você faz". Ouço cristãos dizerem: "Estou orando sobre qual trabalho devo ter", "Estou orando por um novo emprego", "Estou orando para que Deus me guie para o trabalho que ele quer que eu faça". Nenhum deles jamais me disse: "Estou orando para que Deus me mostre como realizar o trabalho que já tenho".

Deus está mais interessado em como você trabalha do que no que você faz. Infelizmente, a igreja criou uma classificação para os trabalhos, e a atividade que se encontra no topo da lista dos trabalhos mais valorizados "aos olhos de Deus" é tornar-se um missionário. Se o fizer, sua foto sairá na revista da igreja ou até mesmo num quadro do átrio de entrada. Fui criado com esse conceito, que colocava o trabalho missionário no topo da lista das melhores profissões. Pastores e evangelistas estavam em segundo lugar, médicos e enfermeiras geralmente eram os próximos, seguidos por professores do ensino básico. Se não tomarmos cuidado, adotamos essa classificação ao escolher uma carreira.

Quando algum cristão me diz: "Tenho um emprego secular", imediatamente pergunto:

— É um trabalho pecaminoso?
— Ah, não.
— Então não é secular. Não há nada secular exceto o pecado. Qualquer outro trabalho pode ser exercido para o Senhor.

É claro que, se seu trabalho for ilegal ou imoral, você tem o dever cristão de deixar esse emprego o mais rápido possível. Lembro-me nitidamente de uma senhora que visitou nossa igreja pela primeira vez. Ela poderia ter tido qualquer trabalho. Em nossa igreja, fazíamos a cortesia de deixar as primeiras fileiras de bancos para os visitantes, assim, ela atravessou o templo até encontrar um assento na primeira fileira. Ela caminhou pelo corredor desfilando como uma modelo. Ainda consigo visualizar sua roupa turquesa – reparei somente na cor, mas as senhoras da igreja repararam tudo o mais em seu vestido. A mulher flutuou pelo corredor até a frente e se sentou. Ela estava vestida de modo impecável. Acho que todos se perguntaram quem seria ela – por ser aquela sua primeira visita à igreja. Após o culto, fui cumprimentá-la. Depois de frequentar a igreja por algumas semanas, ela professou a fé e se tornou uma boa cristã. O nome dela era Betty. Pouco depois, Betty me procurou dizendo: "Um cristão pode exercer o meu trabalho?" Nunca perguntei qual era seu trabalho. Eu estava mais interessado em sua identidade como pessoa.

Ela fez aquela pergunta e minha imaginação foi longe; e eu me perguntei qual seria o trabalho daquela elegante mulher. Sua resposta me surpreendeu:
— Sou proprietária de uma grande casa de apostas.

Há muitas casas de apostas na Grã-Bretanha e a dela localizava-se em Aldershot, a mesma cidade onde fica a sede do exército britânico. Imagine uma casa de apostas na cidade sede do exército britânico bem no dia do pagamento. Assim que os militares recebiam seu salário, iam para a casa de apostas. E a mulher ficava com o dinheiro.

— É um negócio muito lucrativo — ela acrescentou. — Os negócios vão muito bem, mas será que um cristão deve ser dono de uma casa de aposta?

Eu não disse "não". Não disse que "Ezequias 3.16" proíbe os cristãos de possuir casas de apostas. Muitas vezes usei esse "versículo" – que evidente que não é um versículo bíblico! Respondi:

— Não sei, não vou falar nada. Quero que, na próxima sexta-feira, você leve Jesus para a casa de apostas e mostre a ele o que você faz. No final da noite, pergunte-lhe como ele se sente.

Ela se surpreendeu com a sugestão, mas foi o que fez. Na sexta-feira seguinte, ela disse:

— Jesus, venha e fique ao meu lado no balcão da casa de apostas e, depois, me diga como se sente.

Lá estava ela, recebendo e guardando todo o dinheiro; então, perguntou como Jesus se sentia, mas ele não tinha gostado. Ela disse: "Sabe, embora tenhamos ganhado muito dinheiro, não conseguimos equilibrar as contas. Tentamos, mas algo deu errado com as finanças e não conseguimos acertar as contas esta semana". No domingo de manhã, ela veio à igreja e disse:

— Desisti da loja.

— O que você vai fazer?

— Vou comprar uma casa de chá, um pequeno restaurante, porque é o que sempre quis fazer – é o que farei.

Até hoje, Betty está em Devon, um condado no sudoeste onde todos gostam de chá com creme. E lá está ela, servindo chás com creme em uma casa de chá.

Dei muitos conselhos desse tipo. Lembro-me de um jovem que me procurou dizendo:

— Um cristão pode ir ao cinema todo domingo à noite?

— Por que, você vai?

— Sim. Eu venho à igreja domingo de manhã e à noite

vou ao cinema. É minha rotina. Eu já tinha esse hábito antes de me tornar cristão; agora frequento o culto de domingo de manhã, mas ainda vou ao cinema como sempre fiz.

Eu lhe perguntei:

— Você assiste a qualquer filme que esteja em cartaz?

— Sim, é um velho hábito. É minha recreação, minha atividade de lazer. Será que é certo?

Eu quase disse que "Ezequias 3:16" proíbe – mas não o fiz.

Sugeri a ele que levasse Jesus no próximo domingo e perguntasse se ele gostou do filme.

Bem, no domingo seguinte, ele foi ao cinema local e, na bilheteria, colocou dinheiro no balcão e disse à moça: "Dois ingressos, por favor", mas estava sozinho.

Ela perguntou:

— Sua namorada vem se encontrar com você?

— Não, mas tudo bem, são dois ingressos mesmo.

— Você está comprando para um amigo?

— Não, não estou. Por favor, eu já lhe dei o dinheiro, me dê dois ingressos.

A moça entrou em pânico. Ela pensou que ele estava louco, então pegou o telefone e ligou para o gerente, que desceu e perguntou:

— Qual é o problema?

— Ele quer dois ingressos.

Então o gerente disse:

— Bem, dê a ele dois ingressos, o que há de errado nisso?

Como a moça havia perguntado para quem era o outro ingresso, e ele havia dito que era para "Jesus", ela respondeu ao gerente:

— Ele quer um ingresso para Jesus.

Agora foi o gerente que entrou em pânico e não sabia o que dizer ou fazer, e acrescentou:

— Bem, se ele estiver disposto a pagar, dê os bilhetes.

O moço entrou no cinema e disse:

— Sente-se aí, Jesus, e eu vou sentar aqui.

O filme começou a ser exibido, e não era um filme muito bom, então ele saiu depois de dez minutos.

Não há nada errado em ir ao cinema no domingo à noite, a menos que seja algo de que Jesus não goste. O jovem aprendeu com a experiência e nunca olhou para trás. É um método muito simples. Se houvesse um versículo que dissesse "Cristãos não devem ir ao cinema aos domingos", eu o citaria. Mas a Bíblia não diz isso.

Em questões nas quais a Bíblia é clara, devemos seguir a Palavra de Deus. Para aquelas que não são claras – e há muitas coisas que não são claras na Bíblia – não há resposta. Nesses casos, praticamos o método "leve Jesus com você". É claro que, à medida que você adquire mais conhecimento, passa a levar o Espírito Santo com você, pedindo sua orientação.

Agora, voltemos à questão da redenção do trabalho, sobre levar Jesus e o Espírito Santo conosco para o trabalho. Se você já foi cheio do Espírito, não há mais nada a ser feito, porque ele já vive em você e estará presente em todo o tempo. Como então, os cristãos podem redimir o trabalho? Trabalhando pelas razões apresentadas na Bíblia. Há três razões para ir trabalhar na segunda-feira de manhã e tornar seu trabalho parte do Reino de Deus. Número um – algo muito prático – você vai trabalhar para seu sustento, para sustentar aqueles que dependem de você, e ainda ter o suficiente para doar aos menos favorecidos do que você. Essa é primeira razão para trabalhar como cristão para o Reino de Deus. É certo ganhar dinheiro, ganhar o suficiente não apenas para se manter, mas para manter sua família e seus dependentes.

Sua ambição dever ser fazer uma reserva para poder doar ao pobre. Isso aparece tantas vezes na Bíblia que posso citar de forma dogmática. Não é certo um cristão ser pedinte. Essa não é a vocação do cristão, a menos que seja absolutamente necessário. Por isso vejo com desagrado alguns movimentos missionários que ensinam seus jovens a pedirem a amigos e parentes o sustento para seu treinamento ou para envio ao campo missionário. Acho que isso está errado.

Tive a oportunidade de ministrar um curso de discipulado a alguns desses jovens e transmiti o mesmo conceito. "Trabalhem para ter seu próprio dinheiro. Vocês são saudáveis, inteligentes e não há motivos para não captarem seus próprios recursos." Citei uma passagem de 1 Tessalonicenses que exorta os crentes a trabalhar por seu sustento e a ter como ambição alcançar a própria independência. Acredito que isso abrange planejar sua previdência para não depender de ninguém quando se aposentar.

Essas questões são muito práticas. Alguns cristãos sentem-se culpados por terem planejado sua aposentadoria, mas isso é uma provisão para não precisarem depender de outros. E, quando morrer, você pode até deixar uma pensão para outra pessoa. Por isso, acho que é correto ter essa ambição. Não quero precisar pedir nada a ninguém. Evidentemente, se as circunstâncias mudarem e não for possível evitar, a coisa muda. Mas uma pessoa fisicamente capaz deve seguir esse preceito.

Quando minha filha morreu, aos 36 anos, ela tinha servido ao Reino mais do que a maioria das pessoas com o dobro de sua idade. Somente depois de sua morte descobrimos o quanto ela servira ao Senhor ajudando outras pessoas, com trabalho e salário de professora. Ela fora abandonada pelo marido, o líder de jovens, quando seu primeiro bebê tinha apenas três meses. Ela sustentava a si mesma, ao bebê, além de enviar ajuda para órfãos no Haiti e para um piloto missionário na Nova Guiné. Não fazíamos ideia – ela jamais nos pediu um centavo e ainda ajudava tantas pessoas.

Em sua Bíblia, ela tinha sublinhado o versículo: "Esforcem-se para ter uma vida tranquila, cuidar dos seus próprios negócios e trabalhar com as próprias mãos". Estou abrindo meu coração com você. Eu sabia como ela era especial, mas perguntei ao Senhor o que ele pensava dela. Enquanto eu pensava no que dizer em seu funeral, orei: "Senhor, qual era a sua opinião sobre minha filha, o que achava dela?" O Senhor respondeu: "Ela foi um dos meus sucessos". E isso está em sua lápide: "Um dos sucessos do Senhor". Falei sobre isso em seu funeral e lancei a pergunta: O que o Senhor diria sobre você? "Um dos meus fracassos"? Foi isso que Deus me respondeu a respeito da minha filha, e está gravado em sua lápide.

Não há nada de errado em ser remunerado pelo seu trabalho, pelo contrário. Às vezes, entre os dependentes podem estar nossos pais idosos. Uma das palavras mais duras de Jesus foi para aqueles que davam dinheiro para o templo enquanto negligenciavam os pais idosos, dizendo: "Isto é corbã, é para o Senhor". Jesus os reprovou fortemente. Paulo foi igualmente perspicaz quando disse: "Um cristão que não cuida de sua própria casa é pior do que um incrédulo". Essa é uma forte exortação.

E aos pobres, Paulo diz em Efésios: "O que furtava não furte mais; antes trabalhe, fazendo algo de útil com as mãos, para que tenha o que repartir com quem estiver em necessidade". Esse é mais um texto que redime o trabalho, que fala sobre obter sustento para si próprio, para seus dependentes e para os pobres. Um motivo suficiente para querer trabalhar. A segunda razão para redimir o trabalho é que, por meio dele, você está servindo a outras pessoas. E atender ao necessitado é uma tarefa a ser cumprida, isso significa amar o próximo.

Portanto, nas manhãs de segunda-feira, você poderia dizer: "Estou saindo para amar meu próximo". E isso é trabalhar para o Reino. "Aleluia, hoje é segunda-feira, e eu estou saindo para amar o próximo." Você já pensou que ir trabalhar é amar ao próximo? É algo prático, é atender a uma necessidade, é amor ágape. E é exatamente o que o Senhor disse quando nos deu o segundo mandamento: "Ame o Senhor, o seu Deus de todo o seu coração, de toda a sua alma, de todas as suas forças e de todo o seu entendimento e Ame o seu próximo como a si mesmo". Isso não significa que você precisa levar correndo uma refeição para um vizinho doente nas suas horas de descanso, significa fazer o seu trabalho diário. E se seu trabalho atende a uma genuína necessidade, então trabalhar de todo o coração, alma e força de segunda a sexta-feira é amar ao próximo, e essa motivação é suficiente para trabalhar, e trabalhar com alegria. Não há hierarquia para servir no Reino. Não importa se você é um taxista ou um missionário, Deus prefere um bom taxista a um mau missionário, ouso dizer. Ele está mais interessado em como você trabalha do que no que você faz.

Devemos entender isso muito bem e não fazer dos missionários o único foco do nosso interesse e apoio, negligenciando o fato de que possa haver um membro de sua igreja que seja o único cristão no escritório ou na fábrica onde trabalha. Eles estão na linha de frente do Reino e merecem o mesmo apoio, oração e interesse do restante da igreja, assim como o missionário que você enviou para a África. Em visitas a missionários no campo, descobri que muitos deles estão em uma atmosfera muito mais cristã do que alguns dos membros da nossa igreja – especialmente se estiverem servindo em uma escola ou hospital missionário, cercados por outros cristãos. Mas aqui, os cristãos estão sozinhos.

Lembro-me de uma garota que me procurou dizendo: "Aconteceu algo maravilhoso. Vou mudar de emprego. Sou a única cristã no trabalho e vi um anúncio de emprego para secretária em uma revista cristã. Eu me inscrevi para a vaga e fui aceita, e agora vou mudar de emprego". Ela pensou que eu ficaria empolgado, mas minha expressão não mostrou isso, e ela perguntou:

— O que há de errado?

— Você era a única pessoa que poderia apresentar Cristo no escritório onde trabalhava e, agora que você vai embora, eles não têm quem lhes fale de Cristo. Pior ainda, receio ter de lhe dizer que trabalhar com cristãos não é o paraíso.

Não demorou muito para que ela se arrependesse da mudança. Há um pequeno poema que diz: "Habitar no alto com santos que amo, será uma glória! Habitar abaixo com santos que conheço, isso é outra história!" Os cristãos não são perfeitos. Empresas repletas de cristãos não são empresas perfeitas para se trabalhar. Portanto, não podemos cair nessa armadilha.

Um amigo querido, na Austrália, é conhecido em todo o país como um vendedor de carros usados honesto. Ele se converteu ouvindo meus estudos e é um grande homem de Deus. Todas as terças e quintas-feiras, a cada 50 segundos ele vende um carro usado, e seu negócio é muito bem-sucedido. Ele utiliza um hangar de aviões com teto de amianto, do qual falarei mais adiante, onde cabem 250 carros usados. E ele trabalha dois dias por semana vendendo esses carros. Quando se converteu, anunciou aos revendedores que vinham comprar seus carros: "De agora em diante, serei honesto e direi a verdade sobre todos os carros que eu vender". Na primeira negociação, ele disse: "Por fora, esse carro parece em bom estado, mas eu não o compraria. Não tem chassis e está com ferrugem". Infelizmente, não acreditaram nele e compraram o carro mesmo assim. A partir de então, ele se tornou multimilionário, pois ficou conhecido em toda a Austrália por ser honesto sobre todos os carros que vendia.

Isso foi apenas o começo. Ele passou a usar seu tempo livre resgatando bêbados nas ruas de Brisbane. Uma revista cristã nacional enviou um repórter para escrever sobre o milionário que resgatava bêbados – obviamente, uma boa história. O repórter chegou ao hangar, encontrou um de seus funcionários e perguntou: "Onde está o dono da empresa? Gostaria de conhecê-lo e entrevistá-lo". O funcionário disse a ele onde ficava seu escritório – usando o linguajar mais sujo que você pode imaginar.

A cada duas palavras, uma era um palavrão, e quando o repórter entrou no escritório, disse ao empresário: "Estou surpreso. Pensei que esta fosse uma empresa cristã, mas um dos seus funcionários acabou de encher meus ouvidos com um monte de palavrões".

Meu amigo vendedor de carros disse: "Ah, não. Se algum de meus funcionários se converter, é mandado embora, é demitido". O repórter ficou surpreso e perguntou por quê. Ele respondeu: "Como posso ser uma testemunha cristã no trabalho se estiver cercado de cristãos? Sempre que um de meus empregados se torna cristão, eu lhe dou aviso prévio e encontro outra loja de carros para ele trabalhar, onde ele possa ser uma testemunha do Senhor Jesus".

Gostaria de contar mais uma história sobre ele, porque, se alguma vez um homem usou seu trabalho para o Senhor, esse homem foi ele, vendendo carros para o Reino. Um dia, uma senhora entrou com um carrinho de bebê naquele galpão. Ela estava carregando sua filhinha que tinha uma cabeça enorme, ela tinha hidrocefalia, água no cérebro. A menina nascera assim. A mulher disse: "Ouvi dizer que você é cristão. Você poderia orar por minha filhinha?" Ele impôs as mãos sobre a garotinha e disse: "Senhor, eu nunca fiz isso antes. Eu não sei como fazer isso, mas acredito que o Senhor pode curar. O Senhor poderia curar essa garotinha?" Eu conheci e brinquei com essa garotinha. Hoje, ela é perfeitamente normal, fruto daquela oração.

Hoje, ele é chamado para orar por granjas e vinhedos que são atacados por doenças. A pior coisa que pode acontecer a uma granja é a chamada "gripe aviária". Esse homem visitou a granja de um cristão atacada por essa gripe. Quando isso acontece, é necessário abater todo o bando e desinfetar toda a granja, pois é altamente contagiosa, como a febre aftosa. Logo após ser constatada a doença, o homem de Deus percorreu as gaiolas das aves exclamando em voz alta: "Jesus, esta granja é sua! Gripe aviária, eu digo em nome de Jesus, saia desta granja. Ela pertence a Jesus!"

Na manhã seguinte, os técnicos chegaram para abater o bando, mas as aves estavam perfeitamente saudáveis. Esse homem já salvou pomares também. Comi maçãs e as maiores e mais suculentas uvas de vinhas e pomares que ele curou. Inclusive, ele já distribuiu milhões de minhas fitas, e já fez tanto bem! Ele não tem formação teológica, mas tem fé. Ele é um homem que tem usado seu trabalho para contribuir imensamente para o Reino de Deus na terra.

Certa vez, viajei para Brisbane e ele foi encontrar-se comigo. Em seu potente carro, rodamos alguns quilômetros e atravessamos uma cidade a uma velocidade de aproximadamente 45 quilômetros por hora; quando saímos da cidade, ele acelerou para 80 quilômetros por hora. Não pude deixar de observar a velocidade do carro:

— Peter, você tem um carro muito potente e, facilmente, poderia atingir 120 quilômetros por hora. — Ele respondeu:

— O limite de velocidade na Austrália é 45 quilômetros na cidade e 80 na estrada.

Mesmo não havendo nenhum policial por perto, aquele grande carro continuou andando a apenas 80 quilômetros por hora, e não pude deixar de comentar. Ele justificou:

— As regras foram feitas para minha segurança, como posso pedir que os anjos me protejam se eu quebrar essas regras? — Não havia o que argumentar. Ele é apenas um homem cristão muito comum, ao mesmo tempo é o homem mais extraordinário que já conheci na Austrália. É uma alegria conhecê-lo. Isso é trabalhar para o Reino.

Certa vez, ao desembarcar em Brisbane, entrei em seu

carro e lhe disse:

— O Senhor falou comigo durante meu voo para cá. Você parou de vender carros?

— Sim, parei.

— Por quê?

— Minha igreja me disse que eu deveria trabalhar para o Senhor em tempo integral. Eles acham que eu deveria ser um evangelista.

— Você perdeu seu púlpito! Um vendedor de carros honesto à frente de um leilão tem um dos melhores púlpitos do mundo, e você o perdeu.

— É engraçado você dizer isso, porque até agora não recebi nenhum convite para evangelizar.

— Volte a vender carros!

E no seu jeito peculiar, ele olhou para mim e disse: "Isso mesmo!" Ele voltou à sua atividade profissional e continuou seu poderoso trabalho para o Senhor como revendedor de carros usados. Isso é redimir o trabalho. Não significa testemunhar o tempo todo, especialmente durante o expediente – você é pago para executar o seu trabalho e não para ser evangelista. É errado você gastar o tempo de trabalho com outra coisa que não o trabalho pelo qual é pago. Faça isso durante o intervalo. Não tente evangelizar enquanto estiver trabalhando. Nesse período, ocupe-se com seu trabalho. Alguns cristãos pensam que só serão justificados se pregarem para seus colegas no trabalho. Não entendem que realizar seu trabalho da melhor maneira possível, quando o chefe não estiver olhando, bem como quando ele estiver olhando, é trabalhar para o Reino.

O terceiro ponto que quero abordar é que o seu trabalho deve glorificar ao Senhor – "para que vejam suas boas obras e glorifiquem a seu Pai que está nos céus". Existe uma maneira de trabalhar que glorifica a Deus. Pode ser que lhe custe o emprego, mas você será respeitado se não fizer nada desonesto, se não aceitar suborno, se fizer seu trabalho com fidelidade, consciência, honestidade e, inclusive, se ficar até mais tarde quando necessário. Aqueles que trabalham para o verdadeiro chefe, não o dono da empresa, mas o Senhor Jesus, os que têm a visão de trabalhar para o Senhor em seu emprego diário glorificarão ao Senhor. Mais cedo ou mais tarde, fica claro quem trabalha bem e quem não trabalha. A honestidade não é a única prática a ser seguida. Não somos honestos apenas porque vale a pena e porque essa é a melhor política, mas porque servimos ao Senhor. Por isso, permaneçamos honestos.

Concluindo, para quem trabalhamos? Para Cristo. Para que trabalhamos? Para o futuro. Todos os dias, meu currículo e minhas referências para meu futuro emprego estão sendo redigidos. Porque, quando Jesus voltar, não será apenas por alguns minutos para nos levar para o céu em seguida, também não voltará para ficar um período de 33 anos. Ele está voltando para governar o mundo por mil anos, e nós vamos governar o mundo com ele. Pela primeira vez o mundo terá um governo cristão, e francamente não estamos preparados para isso. Não administramos bem nem mesmo a igreja, e vamos administrar o mundo?

Acredito que Jesus não está voltando para julgar o mundo agora – isso acontecerá mais tarde. Agora, ele voltará para governar o mundo por um tempo mais longo do que na primeira vez. E nós governaremos o mundo com ele; ele precisará de muitos ajudantes. Estamos nos capacitando para isso. Não aos domingos, estamos nos preparando para isso de segunda a sexta-feira. Esse é o aviso que ele nos dá: "Muito bem, servo bom e fiel! Venha e participe da alegria do seu senhor. Vou colocá-lo no comando de dez cidades". Foi literalmente isso o que ele disse. Pode ser que algum dos leitores seja colocado no comando de Cingapura.

Após ministrar esse mesmo estudo na Inglaterra, um

homem veio falar comigo muito animado: "David, pela primeira vez posso considerar meu trabalho como um serviço para o Senhor". Ele tinha um emprego de tempo integral e nunca havia imaginado que poderia servir ao Senhor com seu trabalho. Eu lhe perguntei:
— O que você faz?
— Meu trabalho é despoluir os rios da Inglaterra porque a poluição está causando a morte e desaparecimento de peixes — Ele limpou o rio Tâmisa em Londres, que anos atrás não passava de um grande esgoto.

Ele relatou: "Os salmões voltaram a subir o rio Tâmisa. Nunca pensei que meu trabalho poderia ser usado para o Senhor. Quando Jesus voltar, vai precisar de alguém para despoluir todos os rios. Vou querer fazer esse trabalho. Vou dar o meu melhor para limpar os rios porque, quando ele voltar para governar, é o que vou querer fazer". Pela primeira vez ele viu que ir trabalhar de segunda a sexta-feira tinha um propósito para o Reino de Deus, e isso me alegrou muito.

É isso o que importa. Estamos trabalhando para o futuro; somos o povo de amanhã. É para o futuro que estamos vivendo. Estamos nos preparando para dominar este mundo quando Jesus o governar, e para ajudá-lo a tornar-se o que Deus planejou desde o princípio. Se seu talento é despoluir rios, Deus pode usá-lo. A tarefa que receberei quando Jesus estiver no comando está diretamente relacionada ao que faço agora. Percebe por que todos os dias, de segunda a sexta-feira, você está desenvolvendo o seu currículo para o trabalho que exercerá quando Jesus voltar?

Ainda não mencionei as donas de casa. Se esse é o seu caso, também há trabalho para você. A esposa de Billy Graham tinha um quadrinho acima da pia da cozinha que dizia: "Serviços divinos são realizados aqui três vezes ao dia". Ela tinha esse entendimento. Ela já faleceu, mas entendia claramente que seu trabalho diário a estava preparando para o Reino que está por vir. Já vivemos no Reino como indivíduos, mas um dia o Reino se manifestará em escala mundial. Todo joelho se dobrará e toda língua confessará que Jesus é o Senhor para a glória de Deus Pai – todos terão que fazer isso. Pensar que você governará o mundo com Jesus dá novo propósito à sua vida. Além disso, haverá o novo céu e a nova terra, e o novo universo será para aqueles que Deus aperfeiçoou e que não o poluirão.

Não tenho dúvidas de que no novo céu e na nova terra haverá trabalho. Trabalhar será novamente algo agradável, gratificante e satisfatório, mas será trabalho. O céu não é um acampamento de férias nem um trabalho perene; haverá um trabalho adequado para você, um trabalho relacionado ao que faz hoje. Essa é a minha mensagem. É assim que você faz do seu trabalho de segunda a sexta-feira um trabalho para o Reino de Deus. Certamente você pode servir ao Senhor em seu tempo livre, mas a satisfação de passar a maior parte de sua vida trabalhando para o Reino, independentemente do trabalho que faz, é simplesmente insuperável.

Na verdade, Jesus disse que é tolice trabalhar para si mesmo e se preocupar apenas em adquirir riquezas. Ele disse: "Insensato! Esta mesma noite a sua vida lhe será exigida. Então, quem ficará com o que você preparou?"

"Realizem a obra", disse Jesus, pois, "a noite se aproxima, quando ninguém pode trabalhar". "Realizar a obra" não significa que todos devem trabalhar como pregadores ou missionários. Eu odiaria estar em um mundo em que todos fossem como eu e todos fizessem o mesmo trabalho. Certa vez, participei de uma conferência de médicos e lhes disse: "Vocês todos ficarão desempregados no céu". E, da plateia, um deles gritou: "Você também, David!" Isso me colocou no meu lugar. Obrigado por ler este livro.

## SOBRE DAVID PAWSON

Conferencista e escritor com inabalável fidelidade às Sagradas Escrituras, David traz clareza e uma mensagem de urgência aos cristãos para que descubram tesouros escondidos da Palavra de Deus. Nascido na Inglaterra em 1930, David iniciou sua carreira com formação em Agronomia pela Universidade de Durham. Quando Deus interveio e o chamou para que se tornasse Pastor, ele concluiu o Mestrado em Teologia pela Universidade de Cambridge, e, durante três anos, serviu como capelão na Força Aérea Real. Passou então a pastorear várias igrejas, entre elas o Centro Millmead, em Guildford, que se tornou um modelo para muitos líderes de igrejas do Reino Unido. Em 1979, o Senhor o conduziu a um ministério internacional. Seu ministério itinerante foi dirigido predominantemente para líderes de igrejas.

Ao longo dos anos, ele escreveu um grande número de livros, publicações e notas diárias de leitura. Suas extensas e muito acessíveis análises dos livros da Bíblia foram gravadas e publicadas em "Unlocking the Bible" (A Chave para Entender a Bíblia). Milhões de cópias de seu material de ensino têm sido distribuídas em mais de 120 países, oferecendo sólido embasamento bíblico.

Ele é considerado o "pregador ocidental mais influente na China" graças à transmissão de sua bem-sucedida série "Unlocking the Bible" a todas as províncias da China, através da God TV. No Reino Unido, os ensinos de David são transmitidos com frequência pela Revelation TV.

Incontáveis fiéis em todo o mundo também se beneficiaram de sua generosa decisão, em 2011, de disponibilizar sua extensa biblioteca audiovisual, sem custo algum, em: **www.davidpawson.org**. Recentemente, todos os vídeos de David foram carregados em um canal específico em: **www.youtube.com**

# SÉRIE A BÍBLIA EXPLICA
## VERDADES BÍBLICAS APRESENTADAS DE FORMA SIMPLES

Se você foi abençoado com a leitura deste livro, saiba que outros títulos da série estão disponíveis. Acesse **www.aBibliaexplica.com** e inscreva-se para baixar mais livros gratuitos.

**A série A Bíblia Explica inclui:**
A Fascinante História de Jesus
A Ressurreição: O ponto central do cristianismo
Como Estudar a Bíblia
A Unção e o Enchimento do Espírito Santo
O Batismo no Novo Testamento
Como Estudar um Livro da Bíblia: Judas
Os principais passos para se tornar um cristão
O que a Bíblia diz sobre: Dinheiro
O que a Bíblia diz sobre: Trabalho
Graça: Favor imerecido, Força irresistível ou Perdão incondicional?
Seguro para sempre? O que a Bíblia diz sobre: Salvação
O Fim dos Tempos
Três textos geralmente usados fora do contexto: Explicando a verdade e expondo o erro
A Trindade
A Verdade sobre o Natal

Você também pode adquirir cópias impressas em: **Amazon**

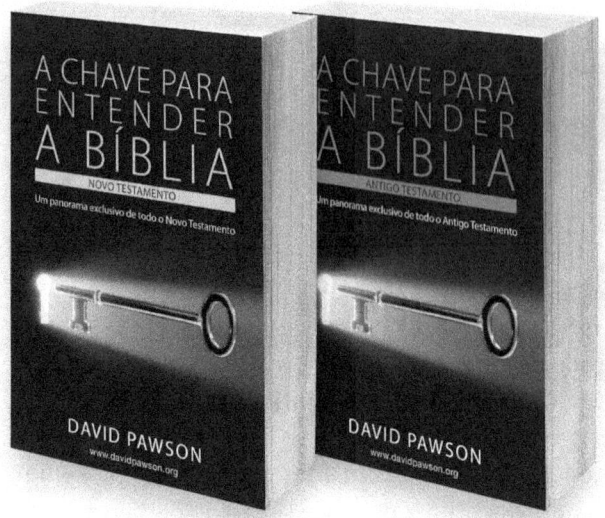

# A CHAVE PARA ENTENDER A BÍBLIA

Um panorama exclusivo do Antigo e do Novo Testamento, nas palavras de David Pawson – conferencista e escritor evangélico, reconhecido internacionalmente. *"A Chave para Entender a Bíblia"* elucida a palavra de Deus de maneira inovadora e poderosa. Em uma clara distinção aos tradicionais estudos e comentários bíblicos que tratam versículo por versículo, este livro apresenta a história épica do relacionamento entre Deus e seu povo, em Israel. A cultura, o contexto histórico e os personagens são apresentados e os ensinamentos são aplicados ao mundo contemporâneo. Oito volumes foram compilados nesta edição abrangente, compacta e fácil de usar, com tópicos que cobrem o Antigo e o Novo Testamento.

Do Antigo Testamento: As Instruções do Criador – Os Cinco Livros da Lei; Uma Terra e um Reino – Josué, Juízes, Rute e 1 e 2 Samuel, 1 e 2 Reis; Poemas de Louvor e Sabedoria – Salmos, Cântico dos cânticos, Provérbios, Eclesiastes, Jó; Declínio e Queda de um Império – Isaías, Jeremias e outros profetas; A Luta pela Sobrevivência – Crônicas e os profetas do exílio.

Do Novo Testamento: O Eixo da História – Mateus, Marcos, Lucas, João e Atos; O Décimo Terceiro Apóstolo – Paulo e suas cartas; Do Sofrimento à Glória – Apocalipse, Hebreus, as cartas de Tiago, Pedro e Judas.

Este livro é um best-seller internacional.

# OUTROS MATERIAIS DE ENSINO
## DE DAVID PAWSON

Para acessar a lista atualizada com os títulos de David Pawson, visite:
**www.davidpawsonbooks.com**

Para comprar os materiais de ensino de David Pawson, acesse a página:
**www.davidpawson.com**

www.ingramcontent.com/pod-product-compliance
Lightning Source LLC
Chambersburg PA
CBHW070340120526
44590CB00017B/2963